Impressum
Verlag: BABADADA GmbH, Nedderfeld 112 , 22529 Hamburg
Geschäftsführer / Verlagsleitung: Harald Hof
Druck: Books on Demand GmbH, In de Tarpen 42, 22848 Norderstedt

Imprint
Publisher: BABADADA GmbH, Nedderfeld 112 , 22529 Hamburg, Germany
Managing Director / Publishing direction: Harald Hof
Print: Books on Demand GmbH, In de Tarpen 42, 22848 Norderstedt, Germany

Szkoła

escola

Sala lekcyjna
sala de aulas
dzielić
dividir
186/2
Tablica
quadro
Dziedziniec szkolny
pátio da escola
Nauczyciel
professor
Papier
papel
pisać
escrever
Pisak
caneta
Biurko
escrivaninha
Liniał
régua
Książka
livro
Uczeń
aluno

Plecak szkolny

sacola

Piórnik

estojo de lápis

Ołówek

lápis

Temperówka

apontador de lápis

Gumka do mazania

borracha

Blok rysunkowy

bloco de desenho

Rysunek

desenho

Pędzel

pincel

Pudełko z akwarelami

estojo de tintas

Nożyce

tesoura

Klej

cola

Książka do ćwiczenia

livro de exercícios

Zadanie domowe

lição de casa

Liczba

número

dodawać

somar

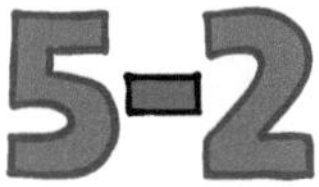

odejmować

subtrair

mnożyć

multiplicar

liczyć

calcular

Litera

letra

Alfabet

alfabeto

Słowo

palavra

Tekst

texto

czytać

ler

Kreda

giz

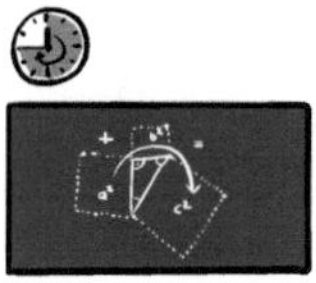

Godzina

hora

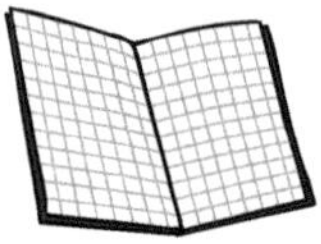

Dziennik lekcyjny

registro da classe

Egzamin

exame

Świadectwo

certificado

Mundurek szkolny

uniforme escolar

Wykształcenie

educação

Leksykon

enciclopédia

Uniwersytet

universidade

Mikroskop

microscópio

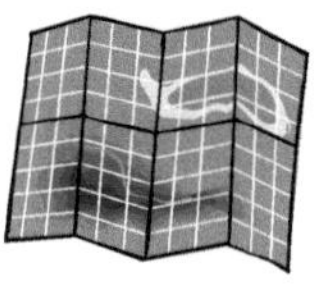

Mapa

mapa

Kosz na odpadki

cesto de lixo

Hotel
hotel
Grand
Schronisko
albergue
ROOMS
Kantor wymiany walut
casa de câmbio
EXCHANGE
Walizka
mala
Auto
carro

Język
idioma

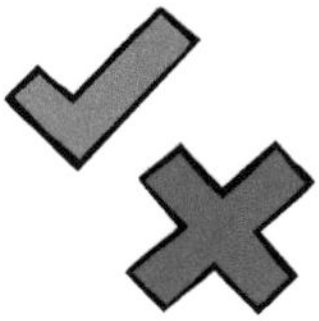

tak / nie
sim / não

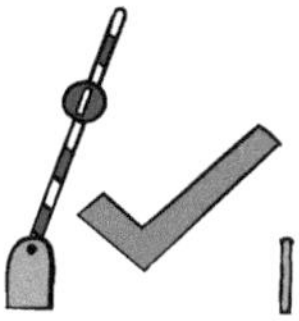

OK
ok

Halo
Olá

Tłumacz
tradutor

Dziękuję
obrigado

Ile kosztuje ...?

quanto custa...?

Nie rozumiem

eu não entendo

Problem

problema

Dobry wieczór!

boa noite!

Dzień dobry!

Bom dia!

Dobranoc!

Boa noite!

Do widzenia

até logo

Kierunek

direção

Bagaż

bagagem

Torba

bolsa

Plecak

mochila

Gość

convidado

Pokój

quarto

Śpiwór

saco de dormir

Namiot

barraca

Informacja turystyczna

informação turística

Plaża

praia

Karta kredytowa

cartão de crédito

Śniadanie

café da manhã

Obiad

almoço

Kolacja

jantar

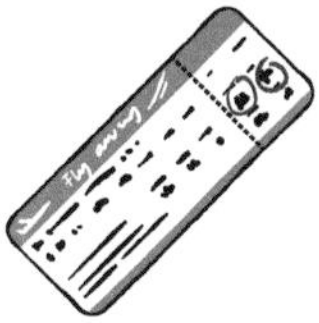

Bilet

bilhete

Winda

elevador

Znaczek na list

selo

Granica

fronteira

Cło

alfândega

Ambasada

embaixada

Wiza

visto

Paszport

passaporte

Transport
transporte

Samolot
avião
Statek
navio
Pojazd straży pożarnej
carro de bombeiros
Autobus
ônibus
Samochód ciężarowy
caminhão
Łódź motorowa
barco a motor
Rower
bicicleta
Auto
carro

Prom

balsa

Łódź

barco

Motocykl

motocicleta

Radiowóz policyjny

veículo policial

Samochód wyścigowy

carro de corrida

Samochód wypożyczony

carro de aluguel

Wspólne przejazdy samochodem

compartilhamento de automóvel

Samochód pomocy drogowej

caminhão de reboque

Śmieciarka

caminhão de lixo

Silnik

motor

Benzyna

combustível

Stacja benzynowa

posto de gasolina

Znak drogowy

placa de trânsito

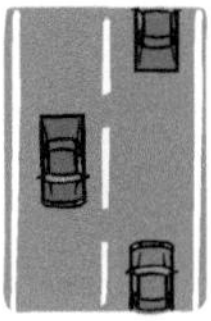

Ruch

trânsito

Korek

trânsito lento

Parking

estacionamento

Dworzec

estação de trem

Szyny

trilhos

Pociąg

trem

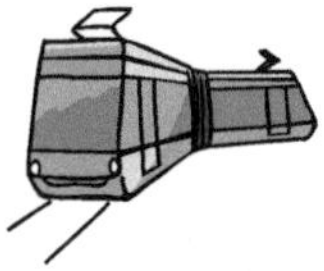

Tramwaj

bonde

Wagon

vagão

Helikopter

helicóptero

Lotnisko

aeroporto

Wieża

torre

Pasażer

passageiro

Kontener

contêiner

Karton

cartolina

Taczka

carroça

Kosz

cesto

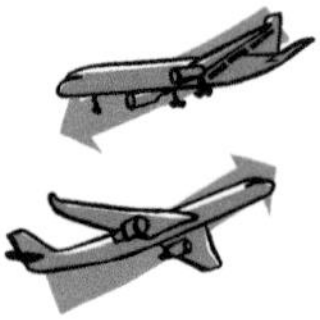

startować / lądować

decolar / pousar

Miasto

cidade

Wieś

vilarejo

Centrum miasta

centro da cidade

Dom

casa

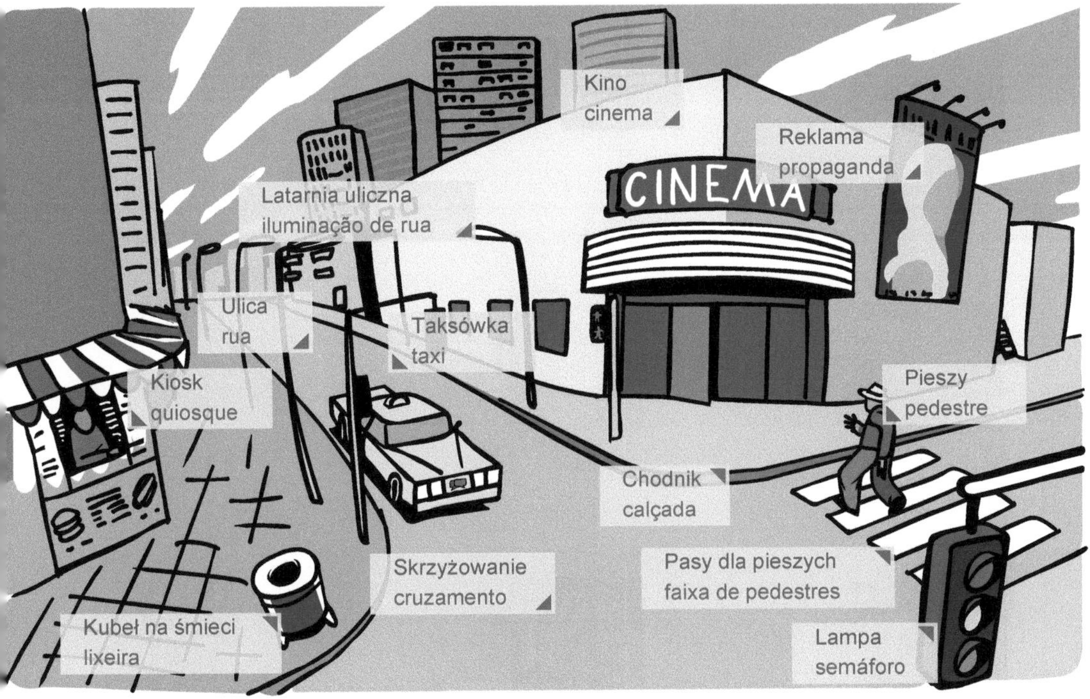
Kino
cinema
Reklama
propaganda
CINEMA
Latarnia uliczna
iluminação de rua
Ulica
rua
Taksówka
taxi
Kiosk
quiosque
Pieszy
pedestre
Chodnik
calçada
Skrzyżowanie
cruzamento
Pasy dla pieszych
faixa de pedestres
Kubeł na śmieci
lixeira
Lampa
semáforo

Chata

cabana

Mieszkanie

apartamento

Dworzec

estação de trem

Ratusz

prefeitura

MUSEUM

Muzeum

museu

Szkoła

escola

Uniwersytet

universidade

Bank

banco

Szpital

hospital

Hotel

hotel

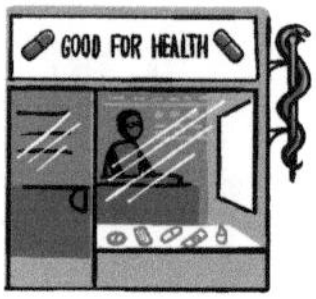

Apteka

farmácia

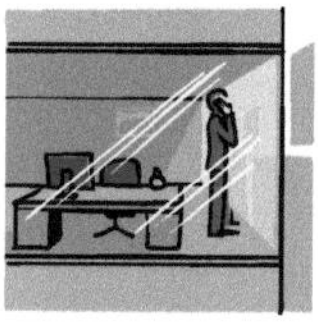

Biuro

escritório

Księgarnia

livraria

Sklep

loja

Kwiaciarnia

floricultura

Supermarket

supermercado

Rynek

mercado

Dom towarowy

loja de departamentos

Sklep z rybami

peixaria

Centrum handlowe

centro comercial

Port

porto

Park

parque

Ławka

banco

Most

ponte

Schody

escadas

Metro

metrô

Tunel

túnel

Przystanek autobusowy

ponto de ônibus

Bar

bar

Restauracja

restaurante

Skrzynka na listy

caixa de correspondência

Tabliczka z nazwą ulicy

placa de rua

Parkometr

parquímetro

Zoo

zoológico

Łaźnia

piscina

Meczet

mesquita

Gospodarstwo chłopskie

fazenda

Zanieczyszczenie środowiska

poluição

Cmentarz

cemitério

Kościół

igreja

Plac zabaw

parquinho

Świątynia

templo

Krajobraz

paisagem

Liść
folha
Drogowskaz
placa de sinalização
Droga
caminho
Łąka
gramado
Kamień
pedra
Wędrowiec
caminhantes
Drzewo
árvore
Rzeka
rio
Trawa
grama
Kwiat
flor

Dolina

vale

Góra

montanha

Jezioro

lago

Las

floresta

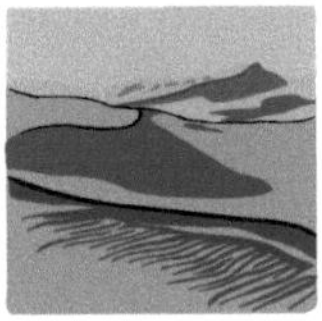

Pustynia

deserto

Wulkan

vulcão

Zamek

castelo

Tęcza

arco-íris

Grzyb

cogumelo

Palma

palmeira

Komar

mosquito

Mucha

mosca

Mrówka

formiga

Pszczoła

abelha

Pająk

aranha

Chrząszcz

besouro

Żaba

sapo

Wiewiórka

esquilo

Jeż

ouriço

Zając

lebre

Sowa

coruja

Ptak

pássaro

Łabędź

cisne

Dzik

javali

Jeleń

veado

Łoś

alce

Tama

barragem

Wiatrak

aerogerador

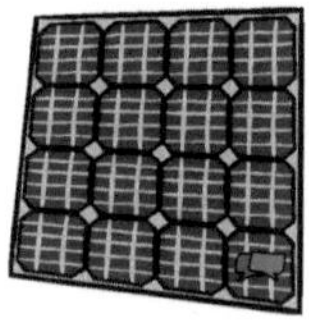

Moduł solarny

painel solar

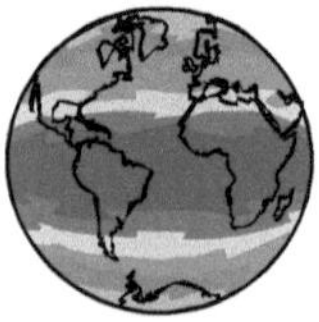

Klimat

clima

Restauracja
restaurante

Kelner
garçom
Menu
menu
Krzesło
cadeira
Zupa
sopa
Pizza
pizza
Sztućce
talheres
Obrus
toalha de mesa

Przystawka

entrada

Danie główne

prato principal

Deser

sobremesa

Napoje

bebidas

Jedzenie

comida

Butelka

garrafa

Fastfood

fastfood

Streetfood

comida de rua

Dzbanek na herbatę

bule de chá

Cukierniczka

açucareiro

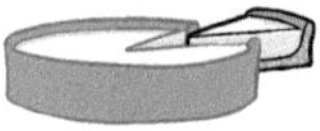

Porcja

porção

Zaparzarka do espresso

máquina de expresso

Krzesło dla dziecka

cadeirão

Rachunek

conta

Taca

bandeja

Nóż

faca

Widelec

garfo

Łyżka

colher

Łyżeczka

colher de chá

Serwetka

guardanapo

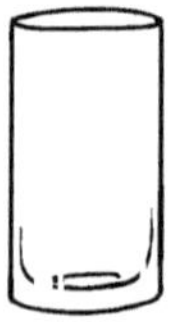

Szklanka

copo

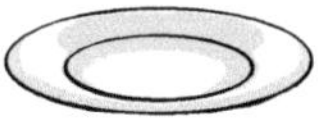

Talerz

prato

Talerz do zupy

prato de sopa

Podstawek pod filiżankę

pires

Sos

molho

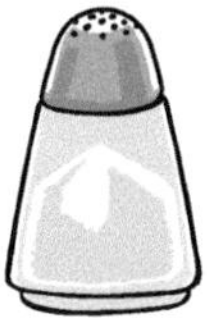

Solniczka

saleiro

Młynek do pieprzu

moedor de pimenta

Ocet

vinagre

Olej

óleo

Przyprawy

especiarias

Keczup

ketchup

Musztarda

mostarda

Majonez

maionese

Supermarket

supermercado

Oferta
oferta especial
FOR
Klient
cliente
Produkty mleczne
laticínios
Owoce
frutas
Wózek sklepowy
carrinho de compras

BUTCHERS

Rzeźnia

açougue

BAKERY

Piekarnia

padaria

ważyć

pesar

Warzywa

legumes

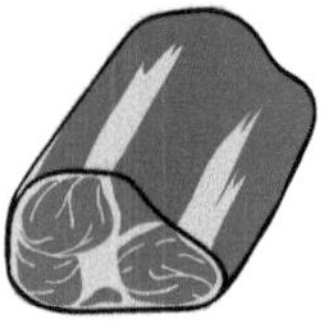

Mięso

carne

Mrożonki

congelados

Wędliny

charcutaria

Konserwy

conservas

Proszek m do prania

detergente em pó

Słodycze

doces

Artykuły użytku domowego

artigos domésticos

Środek czyszczący

produtos de limpeza

Sprzedawczyni

vendedora

Kasa

caixa

Kasjer

caixa

Lista zakupów

lista de compras

Godziny otwarcia

horário de funcionamento

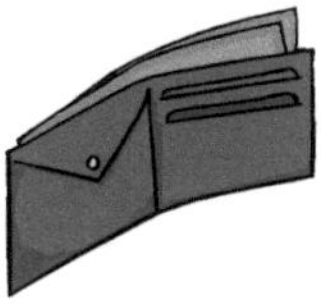

Portfel

carteira

Karta kredytowa

cartão de crédito

Torba

sacola

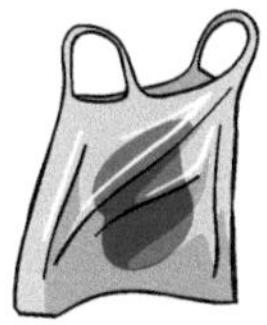

Torebka plastikowa

saco plástico

Napoje
bebidas

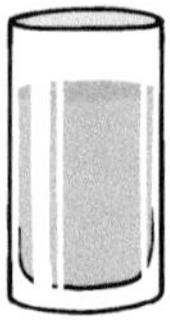

Woda

água

Sok

suco

Mleko

leite

Cola

coca-cola

Wino

vinho

Piwo

cerveja

Alkohol

álcool

Kakao

cacau

Herbata

chá

Kawa

café

Espresso

expresso

Cappuccino

cappuccino

Jedzenie
comida

Banan

banana

Jabłko

maçã

Pomarańcza

laranja

Arbuz

melão

Cytryna

limão

Marchew

cenoura

Czosnek

alho

Bambus

bambu

Cebula

cebola

Grzyb

cogumelo

Orzechy

nozes

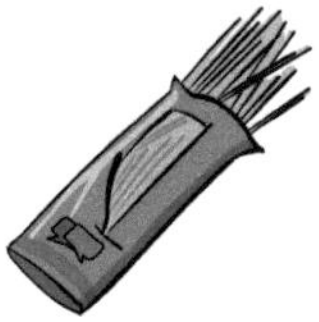

Makaron

macarrão

Spaghetti

espaguete

Ryż

arroz

Sałatka

salada

Frytki

batatas fritas

Ziemniaki pieczone

batatas frias

Pizza

pizza

Hamburger

hambúrger

Kanapka

sanduíche

Sznycel

escalope

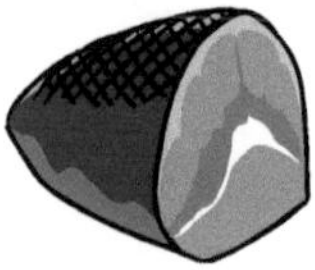

Szynka

presunto

Salami

salame

Kiełbasa

salsicha

Kura

galinha

Pieczeń

assado

Ryba

peixe

Płatki owsiane

flocos de aveia

Musli

granola

Płatki kukurydziane

flocos de milho

Mąka

farinha

Croissant

croissant

Bułka

pãozinho

Chleb

pão

Toast

torrada

Ciastka

biscoitos

Masło

manteiga

Twarożek

requeijão

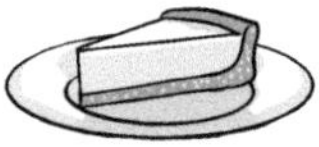

Ciasto

bolo

Jajko

ovo

Jajko sadzone

ovo frito

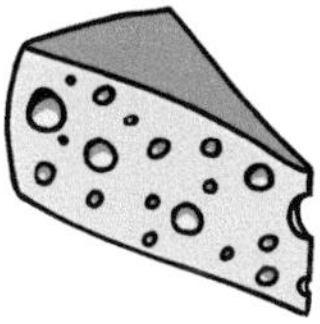

Ser

queijo

Lody
sorvete

Cukier
açúcar

Miód
mel

Marmolada
geleia

Krem nugatowy
creme de avelãs

Curry
curry

Gospodarstwo chłopskie
fazenda

Dom rolnika
casa de fazenda
Stodoła
celeiro
Baloty słomy
fardo de palha
Pole
campo
Koń
cavalo
Przyczepa
reboque
Traktor
trator
Źrebię
potro
Osioł
burro
Owca
ovelha
Jagnię
cordeiro

Koza
cabra

Krowa
vaca

Cielę
bezerro

Świnia
porco

Prosię
leitão

Byk
touro

Gęś

ganso

Kaczka

pato

Kurczątko

pintinho

Kura

galinha

Kogut

galo

Szczur

ratazana

Kot

gato

Mysz

camundongo

Osioł

boi

Pies

cachorro

Buda dla psa

casinha do cachorro

Wąż ogrodowy

mangueira de jardim

Konewka

regador

Kosa

foice

Pług

arado

Sierp

foice

Graca

enxada

Widły

forquilha

Siekiera

machado

Taczka

carrinho de mão

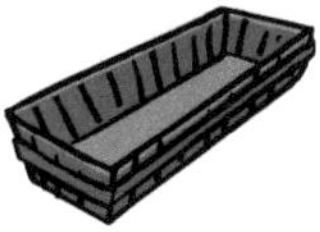

Koryto

manjedoura

Kanka na mleko

jarra de leite

Worek

saco

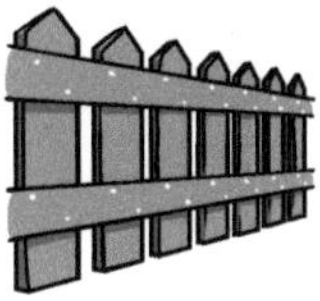

Płot

cerca

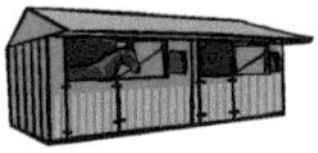

Stajnia

estábulo

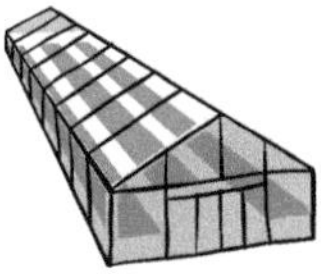

Szklarnia

estufa

Ziemia

solo

Nasiona

semente

Nawóz

fertilizante

Kombajn zbożowy

colheitadeira

zbierać

colher

Żniwa

colheita

Podchrzyn

inhame

Pszenica

trigo

Soja

soja

Ziemniak

batata

Kukurydza

milho

Rzepak

colza

Drzewo owocowe

árvore frutífera

Maniok

mandioca

Zboże

cereais

Dom

casa

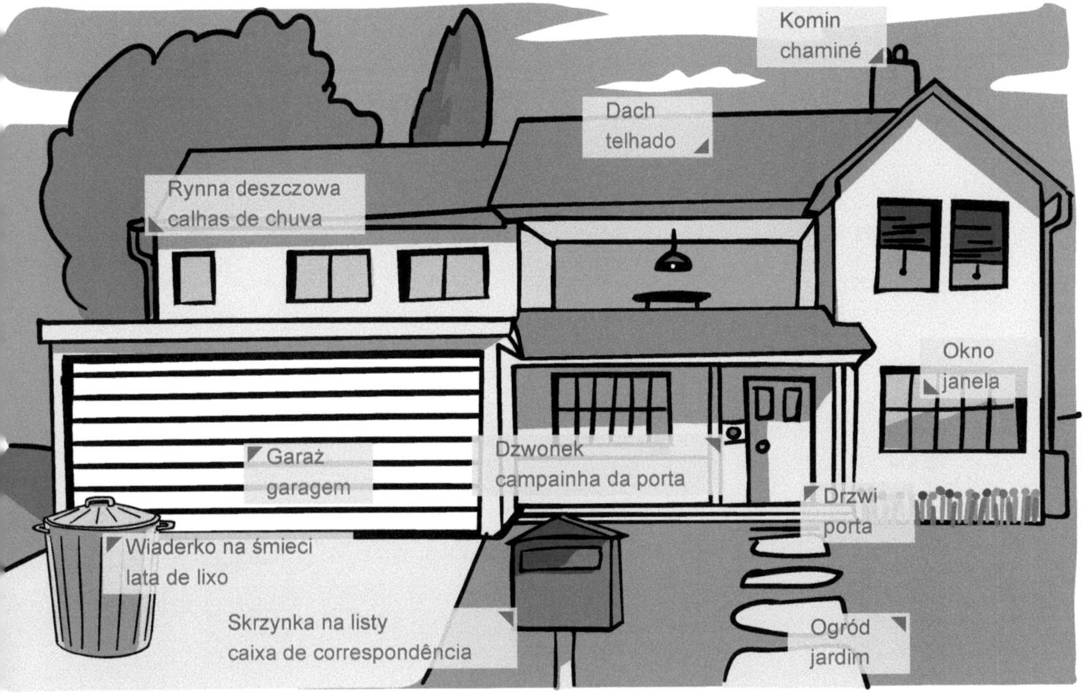
Komin
chaminé
Dach
telhado
Rynna deszczowa
calhas de chuva
Okno
janela
Garaż
garagem
Dzwonek
campainha da porta
Drzwi
porta
Wiaderko na śmieci
lata de lixo
Skrzynka na listy
caixa de correspondência
Ogród
jardim

Pokój dzienny

sala de estar

Łazienka

banheiro

Kuchnia

cozinha

Sypialnia

quarto de dormir

Pokój dziecięcy

quarto de criança

Jadalnia

sala de jantar

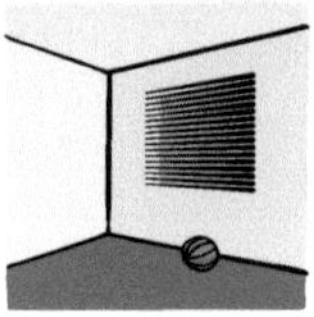

Ziemia

chão

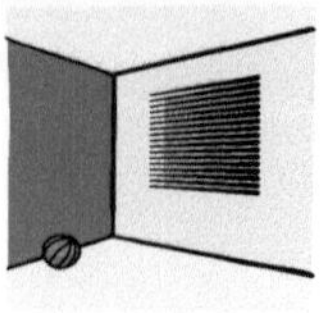

Ściana

parede

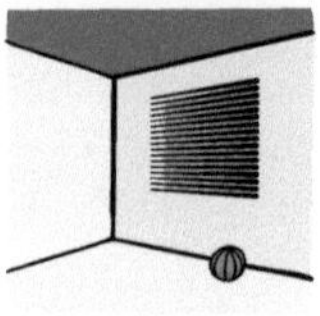

Koc

teto

Piwnica

porão

Sauna

sauna

Balkon

varanda

Taras

terraço

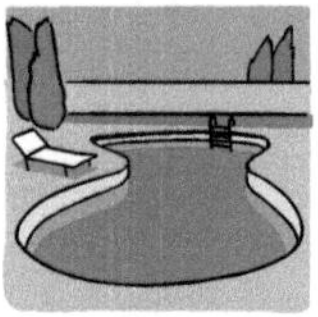

Basen

piscina

Kosiarka do trawy

cortador de grama

Poszwa

lençol

Kołdra

coberta

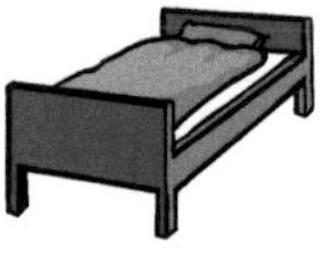

Łóżko

cama

Miotła

vassoura

Wiadro

balde

Włącznik

interruptor

Pokój dzienny
sala de estar

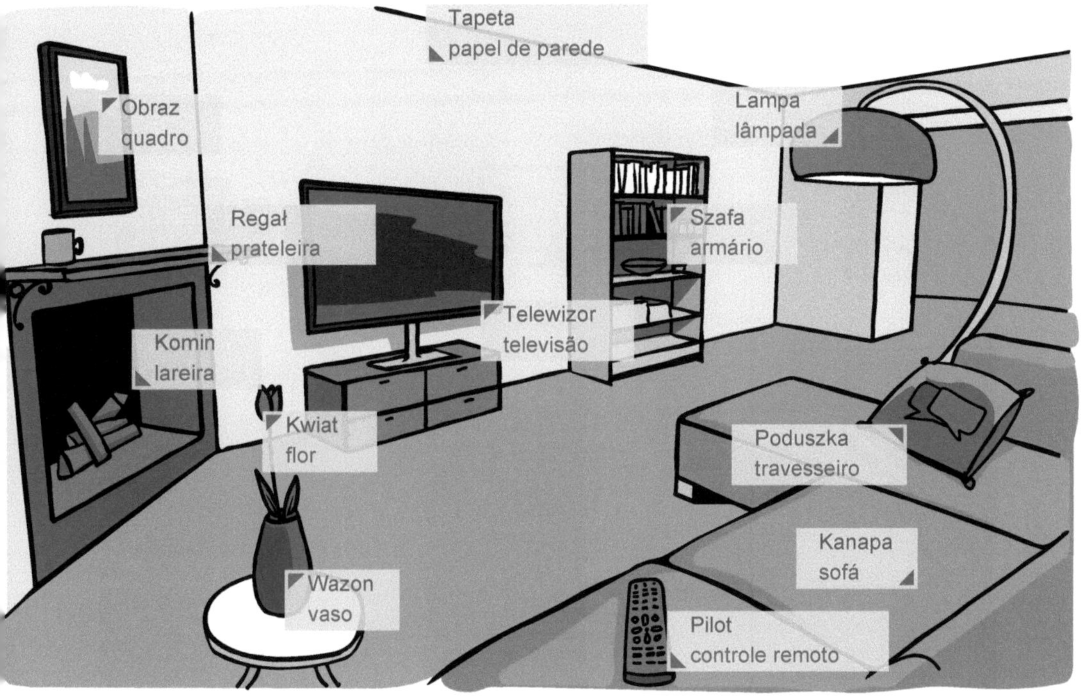

Tapeta
papel de parede
Obraz
quadro
Lampa
lâmpada
Regał
prateleira
Szafa
armário
Telewizor
televisão
Komin
lareira
Kwiat
flor
Poduszka
travesseiro
Kanapa
sofá
Wazon
vaso
Pilot
controle remoto

Dywan
tapete

Zasłona
cortina

Stół
mesa

Krzesło
cadeira

Bujak
cadeira de balanço

Fotel
poltrona

Książka

livro

Sufit

cobertor

Dekoracja

decoração

Drewno kominkowe

lenha

Film

filme

Instalacja stereo

equipamento de som

Klucz

chave

Gazeta

jornal

Malunek

pintura

Plakat

pôster

Radio

rádio

Notatnik

bloco de notas

Odkurzacz

aspirador

Kaktus

cacto

Świeczka

vela

Kuchnia
cozinha

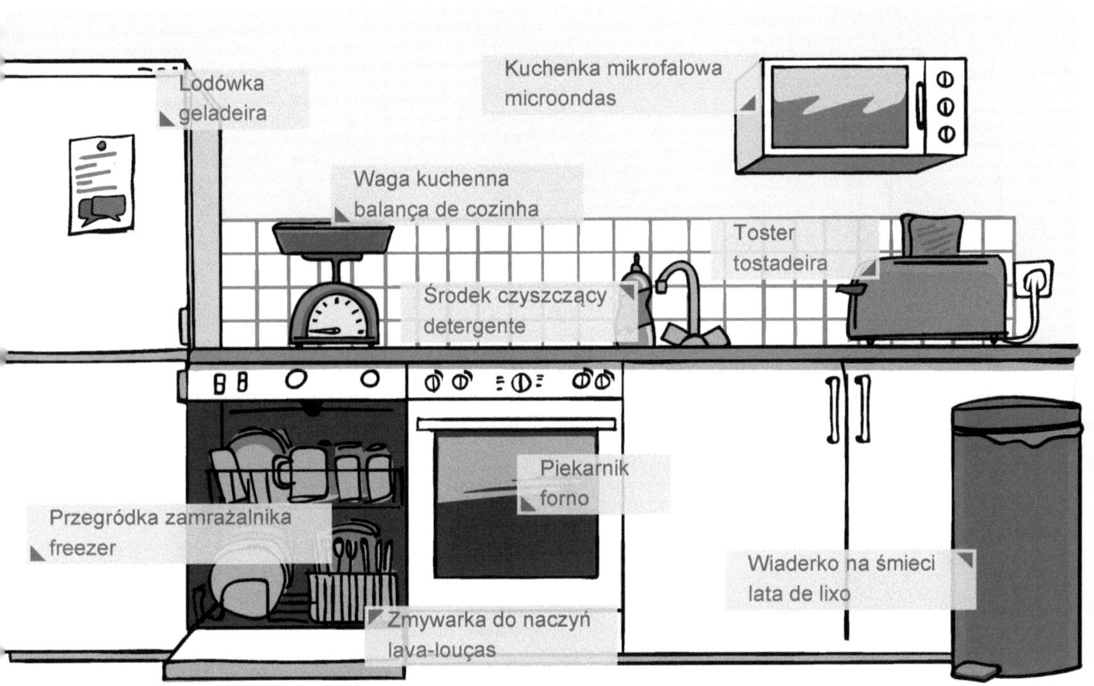
Lodówka
geladeira
Kuchenka mikrofalowa
microondas
Waga kuchenna
balança de cozinha
Toster
tostadeira
Środek czyszczący
detergente
Piekarnik
forno
Przegródka zamrażalnika
freezer
Wiaderko na śmieci
lata de lixo
Zmywarka do naczyń
lava-louças

Kuchenka

fogão

Garnek

panela

Kocioł żeliwny

panela de ferro

Wok / Kadai

wok / kadai

Patelnia

frigideira

Czajnik

chaleira

Parowar

panela a vapor

Blacha do pieczenia

tabuleiro de forno

Naczynia kuchenne

louça

Kubek

caneca

Miska

caçarola

Pałeczki

hashi

Nabierka

concha de sopa

Łopatka do smażenia

espátula

Trzepaczka do śmietany

batedor

Cedzak

escorredor

Sitko

peneira

Tarka

ralador

Moździerz

almofariz

Grillowanie

churrasqueira

Palenisko

lareira

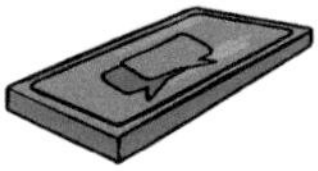

Deska

tábua de cortar

Wałek do ciasta

rolo da massa

Korkociąg

saca-rolhas

Puszka

lata

Otwieracz do puszek

abridor de latas

Ściereczka do trzymania garnka

pegador de panela

Umywalka

pia

Szczotka

escova

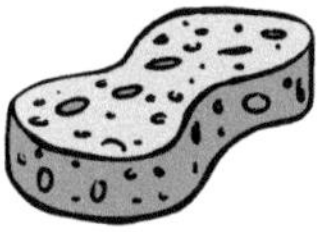

Gąbka

esponja

Mikser

liquidificador

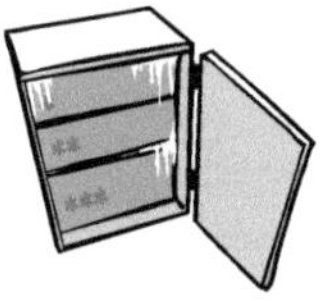

Zamrażarka

congelador

Butelka dla niemowlęcia

mamadeira

Kran

torneira

Łazienka

banheiro

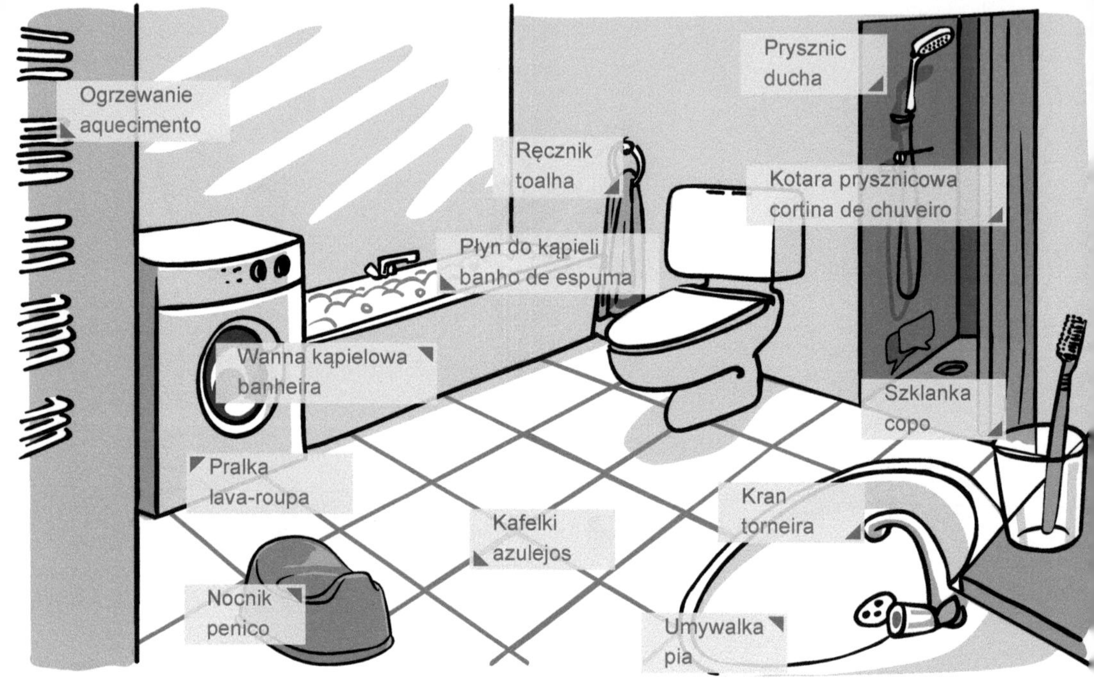

Ogrzewanie
aquecimento
Ręcznik
toalha
Prysznic
ducha
Kotara prysznicowa
cortina de chuveiro
Płyn do kąpieli
banho de espuma
Wanna kąpielowa
banheira
Szklanka
copo
Pralka
lava-roupa
Kran
torneira
Kafelki
azulejos
Nocnik
penico
Umywalka
pia

Toaleta

vaso sanitário

Toaleta kuczna

lavabo de agachar

Bidet

bidê

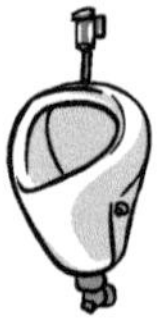

Pisuar

mictório

Papier toaletowy

papel higiênico

Szczotka toaletowa

escova de privada

Szczoteczka do zębów

escova de dentes

Pasta do zębów

pasta de dentes

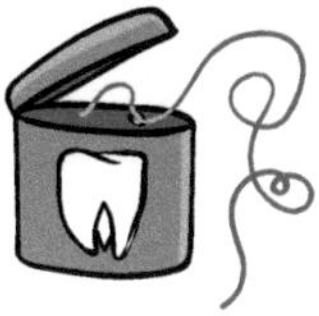

Nitki do czyszczenia zębów

fio dental

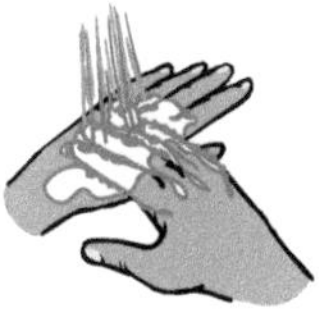

myć

lavar

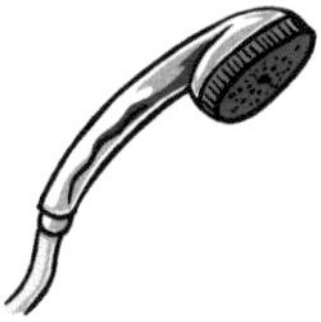

Głowica prysznicowa

ducha de mão

Płyn kąpielowy do higieny intymnej

ducha íntima

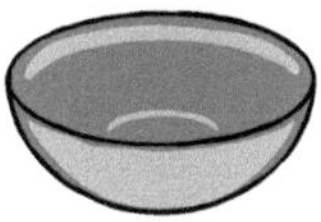

Miska do mycia

bacia

Szczotka kąpielowa

escova para as costas

Mydło

sabonete

Żel prysznicowy

gel de banho

Szampon

xampu

Rękawica kąpielowa

toalha de rosto

Odpływ

escoamento

Krem

creme

Dezodorant

desodorante

Lustro

espelho

Lustro kosmetyczne

espelho de mão

Golarka

barbeador

Pianka do golenia

espuma de barbear

Woda po goleniu

loção pós-barba

Grzebień

pente

Szczotka

escova

Suszarka do włosów

secador de cabelo

Spray do włosów

spray de cabelo

Makijaż

maquiagem

Pomadka

batom

Lakier do paznokci

esmalte de unhas

Wata

algodão

Nożyczki do paznokci

tesoura para unhas

Perfum

perfume

Kosmetyczka

nécessaire

Taboret

banquinho

Waga

balança

Szlafrok kąpielowy

roupão de banho

Rękawice gumowe

luvas de borracha

Tampon

absorvente interno

Podpaska damska

absorvente íntimo

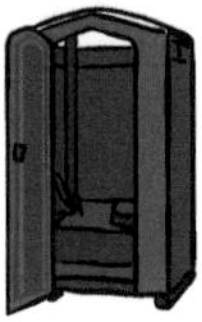

Toaleta chemiczna

banheiro químico

Pokój dziecięcy

quarto de criança

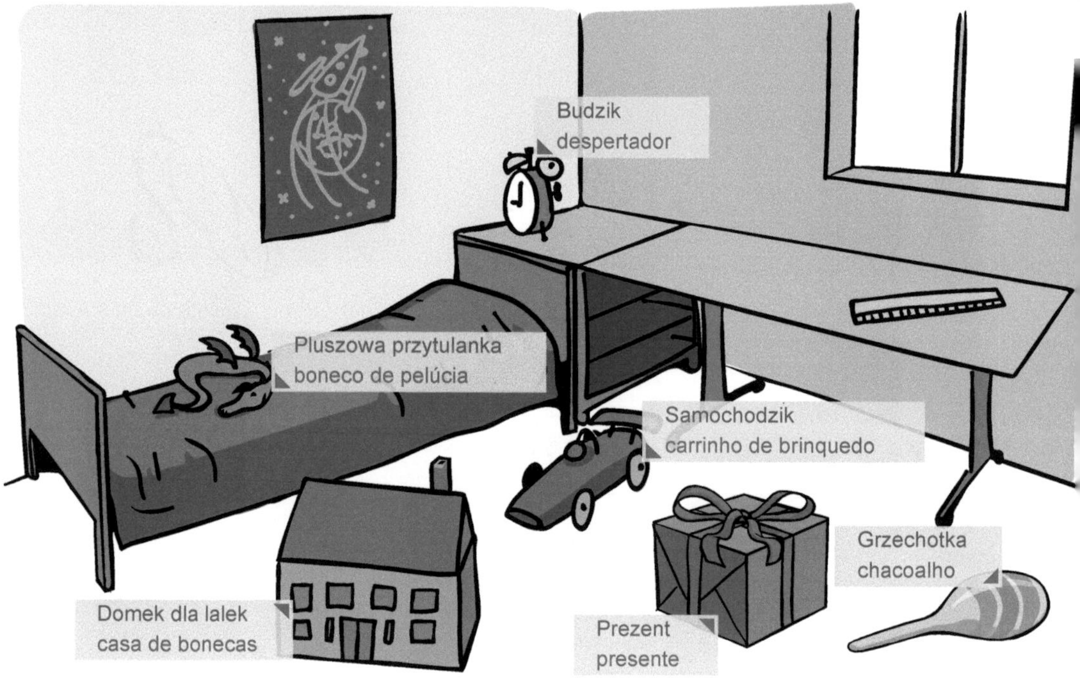

Budzik
despertador
Pluszowa przytulanka
boneco de pelúcia
Samochodzik
carrinho de brinquedo
Grzechotka
chacoalho
Domek dla lalek
casa de bonecas
Prezent
presente

Balon

balão

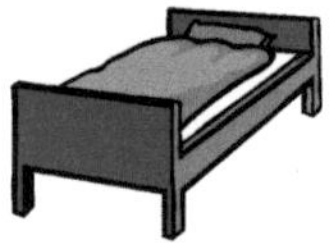

Łóżko

cama

Wózek dziecięcy

carrinho de bebê

Gra w karty

jogo de cartas

Puzzle

quebra-cabeças

SUPER
MEGA

Komiks

revista de quadrinhos

Klocki lego
....
peças de Lego

Klocki
....
blocos de construção

Action figura
....
figura de ação

Śpioszek dziecięcy
....
macaquinho de bebê

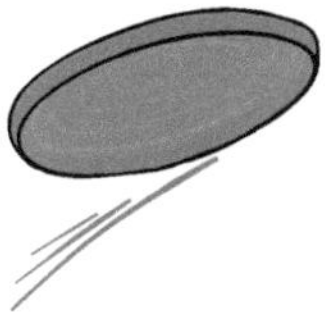

Frisbee
....
frisbee

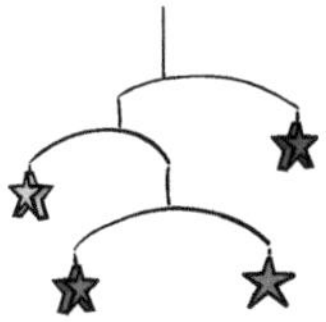

Zabawki ruchome
....
móbile para bebé

Gra planszowa
....
jogo de tabuleiro

Kości
....
dados

Kolejka elektryczna
....
trenzinho elétrico

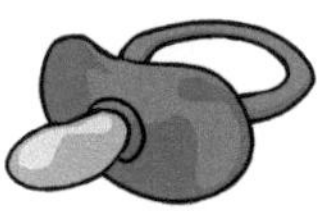

Smoczek
....
chupeta

Przyjęcie
....
festa

Książka z ilustracjami
....
livro ilustrado

Piłka
....
bola

Lalka
....
boneca

bawić się
....
brincar

Piaskownica

caixa de areia

Huśtawka

balanço

Zabawki

brinquedos

Konsola do gier

videogame

Rowerek trójkołowy

triciclo

Pluszowy miś

ursinho de pelúcia

Szafa ubraniowa

guarda-roupa

Ubiór
vestuário

Skarpety

meias

Pończochy

meias pelo joelho

Rajstopy

meias-calças

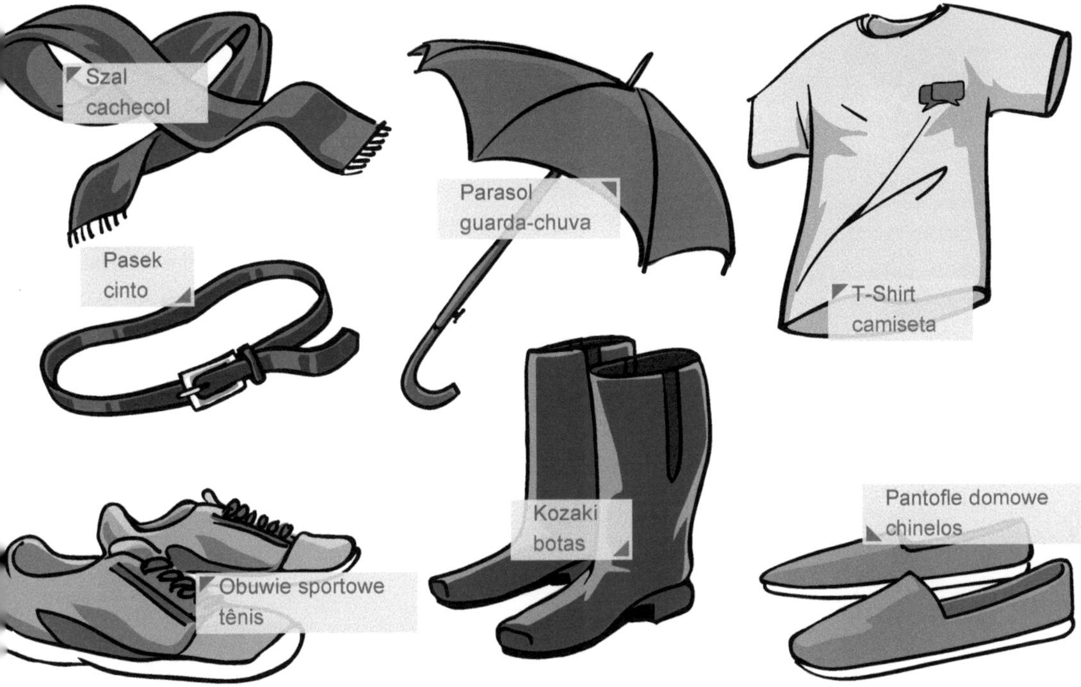
Szal
cachecol
Parasol
guarda-chuva
T-Shirt
camiseta
Pasek
cinto
Kozaki
botas
Pantofle domowe
chinelos
Obuwie sportowe
tênis

Sandały

sandálias

Buty

sapatos

Kalosze

botas de borracha

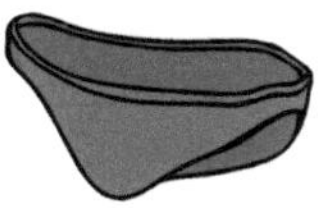

Majtki

roupa de baixo

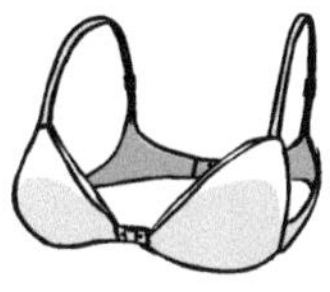

Biustonosz

sutiã

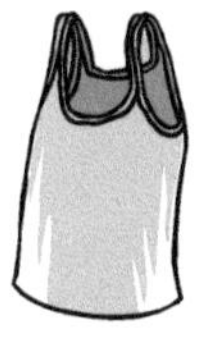

Podkoszulek

camiseta de baixo

Body

body

Spodnie

calças

Dżins

jeans

Spódnica

saia

Bluzka

blusa

Koszula

camisa

Pulower

pulôver

Bluza sportowa

suéter com capuz

Marynarka

blazer

Kurtka

jaqueta

Płaszcz

casaco

Płaszcz przeciwdeszczowy

gabardine

Kostium

traje

Sukienka

vestido

Suknia ślubna

vestido de casamento

Garnitur męski

terno

Koszula nocna

camisola

Piżama

pijama

Sari

sari

Chusta na głowę

lenço de cabeça

Turban

turbante

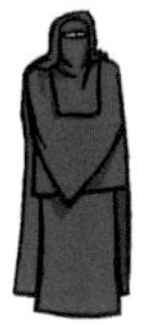

Burka

burca

Kaftan

cafetã

Abaya

abaya

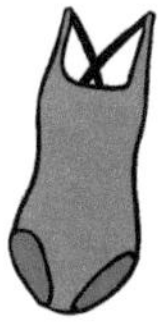

Strój kąpielowy

maiô

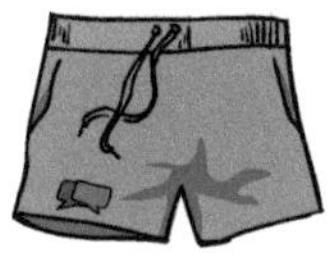

Kąpielówki

sunga

Krótkie spodnie

shorts

Dres sportowy

roupa de treino

Fartuch

avental

Rękawiczki

luvas

Guzik

botão

Okulary

óculos

Bransoletka

pulseira

Łańcuszek

colar

Pierścionek

anel

Kolczyk

brinco

Czapka

boné

Wieszak

cabide

Kapelusz

chapéu

Krawat

gravata

Zamek błyskawiczny

zíper

Kask

capacete

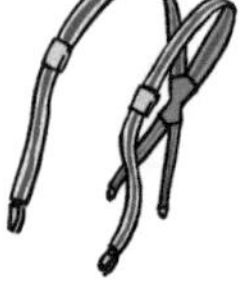

Szelki

suspensórios

Mundurek szkolny

uniforme escolar

Mundur

uniforme

Śliniaczek

babador

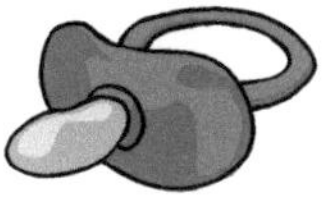

Smoczek

chupeta

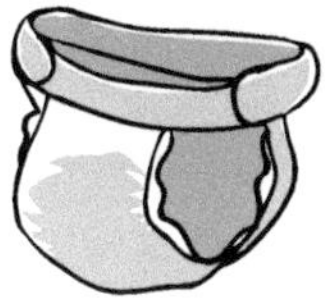

Pieluszka

fralda

Biuro
escritório

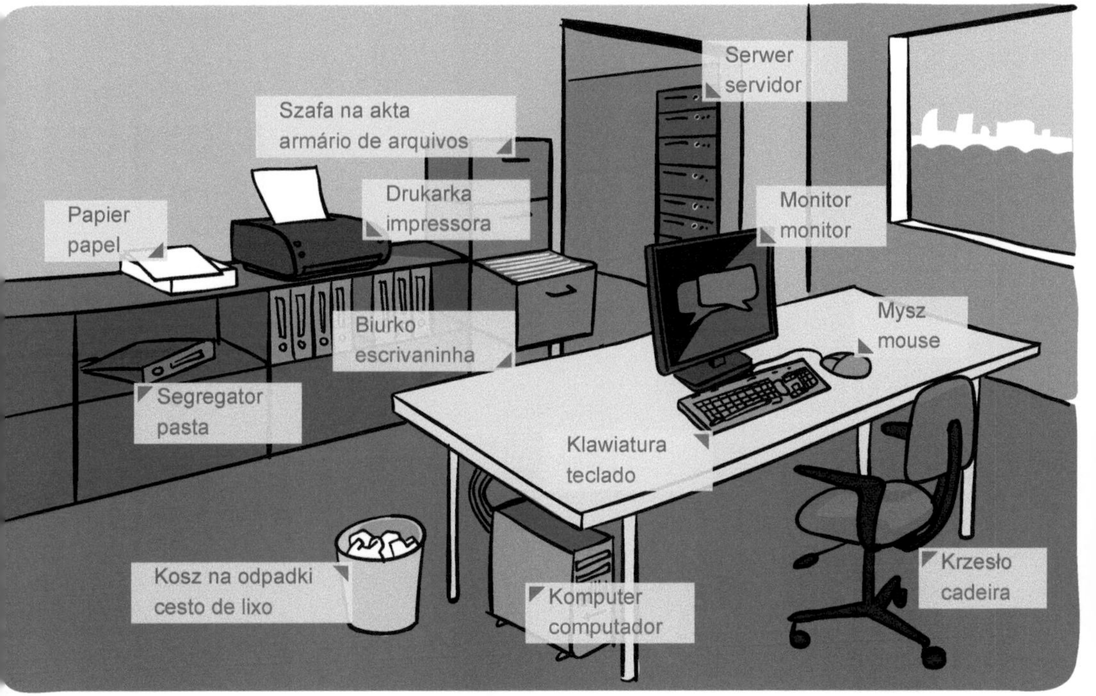
Serwer
servidor
Szafa na akta
armário de arquivos
Drukarka
impressora
Papier
papel
Monitor
monitor
Mysz
mouse
Biurko
escrivaninha
Segregator
pasta
Klawiatura
teclado
Kosz na odpadki
cesto de lixo
Komputer
computador
Krzesło
cadeira

Filiżanka do kawy

xícara de café

Kalkulator

calculadora

Internet

internet

Laptop

laptop

List

carta

Wiadomość

mensagem

Komórka

celular

Sieć

rede

Kopiarka

copiadora

Oprogramowanie

software

Telefon

telefone

Gniazdko

tomada

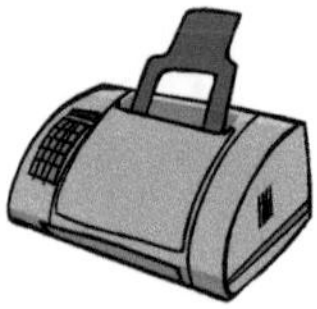

Faks

fax

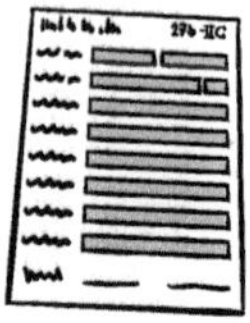

Formularz

formulário

Dokument

documento

Gospodarka
economia

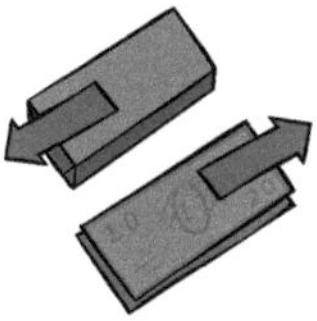

kupić

comprar

płacić

pagar

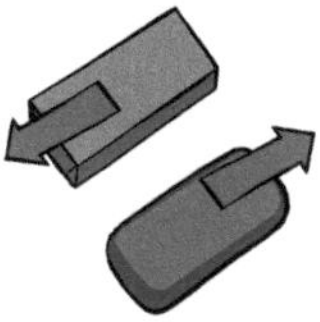

postępować

negociar

Pieniądze

dinheiro

Dolar

Dólar

Euro

Euro

Jen

Yen

Rubel

rublo

Frank

franco suíço

Juan Renminbi

renminbi yuan

Rupia

rupia

Bankomat

caixa eletrônico

Kantor wymiany walut

casa de câmbio

Złoto

ouro

Srebro

prata

Olej

petróleo

Energia

energia

Cena

preço

Umowa

contrato

Podatek

imposto

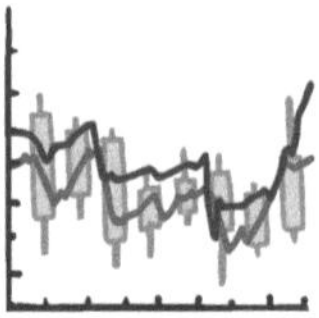

Akcja

ação

pracować

trabalhar

Pracownik umysłowy

empregado

Pracodawca

empregador

Fabryka

fábrica

Sklep

loja

Zawody
profissões

Policjant
policial
Strażak
bombeiro
Kucharz
cozinheiro
Lekarz
médico
Pilot
piloto

Ogrodnik

jardineiro

Stolarz

marceneiro

Krawcowa

costureira

Sędzia

juiz

Chemik

químico

Aktor

ator

Kierowca autobusu

motorista de ônibus

Taksówkarz

motorista de táxi

Fischer

pescador

Sprzątaczka

faxineira

Dekarz

telhador

Kelner

garçom

Myśliwy

caçador

Malarz

pintor

Piekarz

padeiro

Elektryk

eletricista

Robotnik budowlany

construtor

Inżynier

engenheiro

Rzeźnik

açougueiro

Instalator

encanador

Listonosz

carteiro

Żołnierz

soldado

Architekt

arquiteto

Kasjer

caixa

Florysta

florista

Fryzjer

cabelereiro

Konduktor

condutor

Mechanik

mecânico

Kapitan

capitão

Dentysta

dentista

Naukowiec

cientista

Rabin

rabino

Imam

imam

Mnich

monge

Proboszcz

pastor

Narzędzia
ferramentas

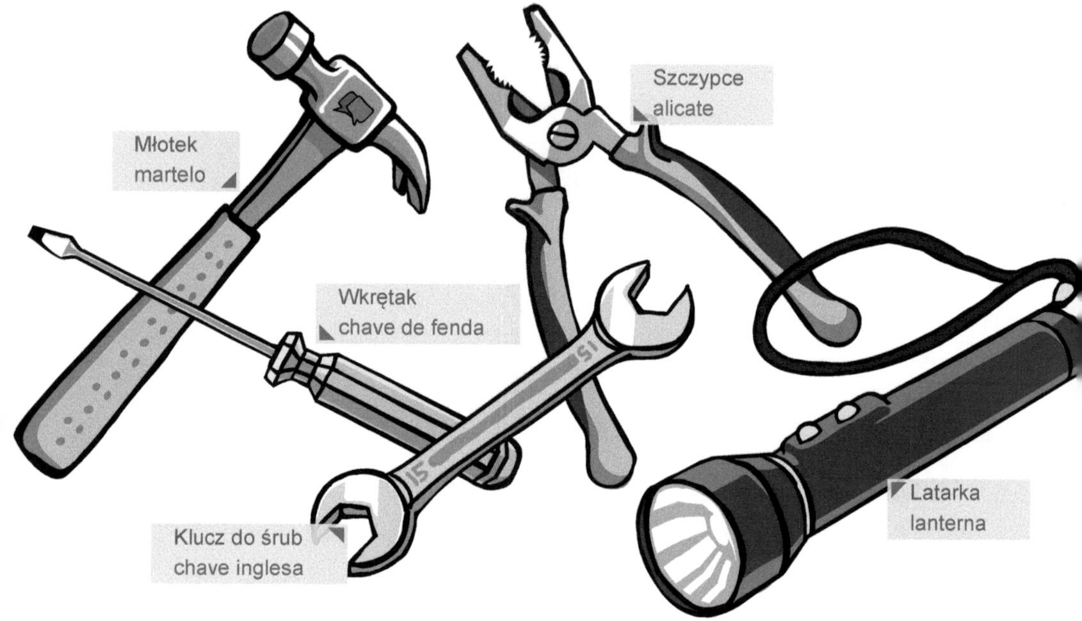
Młotek
martelo
Szczypce
alicate
Wkrętak
chave de fenda
Klucz do śrub
chave inglesa
Latarka
lanterna

Koparka

escavadora

Skrzynka narzędziowa

caixa de ferramentas

Drabina

escada de mão

Piła

serra

Gwoździe

pregos

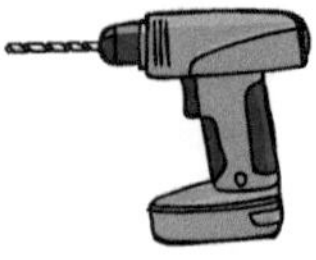

Wiertło

furadeira

naprawić

consertar

Łopatka

pá

Cholera!

Droga!

Szufelka

pá de lixo

Puszka z farbą

pote de tinta

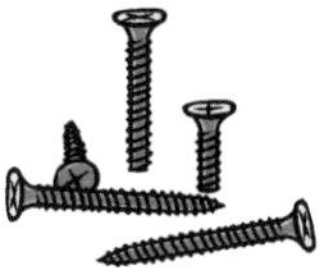

Śruby

parafusos

Instrumenty muzyczne
instrumentos musicais

Głośnik
alto-falante
Perkusja
bateria
Gitara
guitarra
Kontrabas
contrabaixo
Trąbka
trompete

Pianino

piano

Skrzypce

violino

Bas

baixo

Kotły

timbales

Bęben

tambor

Keyboard

teclado

Saksofon

saxofone

Flet

flauta

Mikrofon

microfone

Zoo

zoológico

Wejście
entrada
Tygrys
tigre
Klatka
gaiola
Zebra
zebra
Pasza
ração animal
Panda
panda

Zwierzęta

animais

Słoń

elefante

Kangur

canguru

Nosorożec

rinoceronte

Goryl

gorila

Niedźwiedź

urso

Wielbłąd

camelo

Struś

avestruz

Lew

leão

Małpa

macaco

Fleming

flamingo

Papuga

papagaio

Niedźwiedź polarny

urso polar

Pingwin

pinguim

Rekin

tubarão

Paw

pavão

Wąż

cobra

Krokodyl

crocodilo

Dozorca w zoo

guarda do zoológico

Foka

foca

Jaguar

jaguar

Kucyk

pônei

Gepard

leopardo

Hipopotam

hipopótamo

Żyrafa

girafa

Orzeł

águia

Dzik

javali

Ryba

peixe

Żółw

tartaruga

Mors

morsa

Lis

raposa

Gazela

gazela

Sport
esportes

Futbol amerykański
futebol americano
Kolarstwo
ciclismo
Tenis
tênis
Koszykówka
basquete
Pływanie
natação
Hokej na lodzie
hóquei no gelo
Boks
boxe

Piłka nożna
futebol

Badminton
badminton

Lekka atletyka
atletismo

Piłka ręczna
handebol

Narciarstwo
esqui

Polo
polo

Działania
atividades

śmiać się
rir
skakać
pular
objąć
abraçar
iść
andar
śpiewać
cantar
marzyć
sonhar
modlić się
rezar
całować
beijar

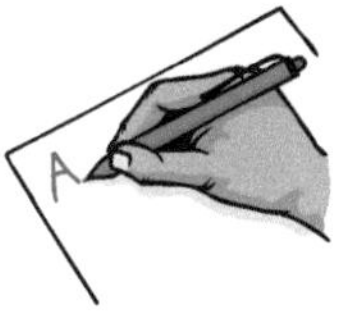

pisać

escrever

rysować

desenhar

pokazywać

mostrar

nacisnąć

empurrar

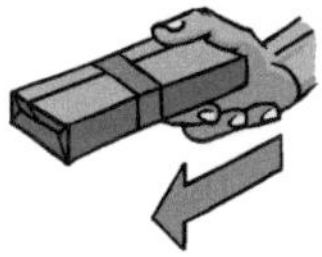

dać

dar

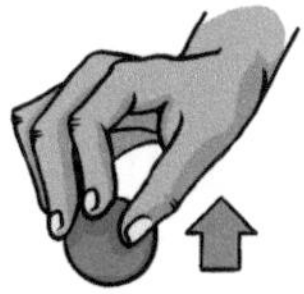

wziąć

tomar

mieć

ter

robić

fazer

być

ser

stać

ficar de pé

biegać

correr

ciągnąć

puxar

rzucać

jogar

spaść

cair

leżeć

deitar

czekać

esperar

nosić

carregar

siedzieć

sentar

zakładać

vestir

spać

dormir

budzić się

despertar

spojrzeć

olhar para

płakać

chorar

głaskać

acariciar

czesać się

pentear

mówić

falar

rozumieć

entender

pytać

perguntar

słyszeć

ouvir

pić

beber

jeść

comer

sprzątać

arrumar

kochać

amar

gotować

cozinhar

jechać

dirigir

latać

voar

żeglować

velejar

liczyć

calcular

czytać

ler

uczyć się

aprender

pracować

trabalhar

wejść w związek małżeński

casar

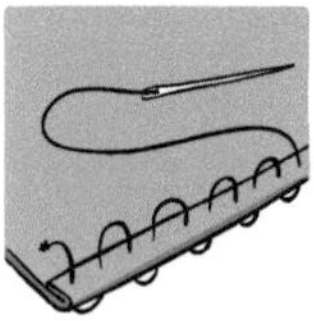

szyć

costurar

myć zęby

escovar os dentes

zabić

matar

palić tytoń

fumar

wysłać

enviar

Babcia
avó
Dziadek
avô
Ojciec
pai
Matka
mãe
Niemowlę
bebê
Córka
filha
Syn
filho

Gość

convidado

Ciotka

tia

Wujek

tio

Brat

irmão

Siostra

irmã

Ciało

corpo

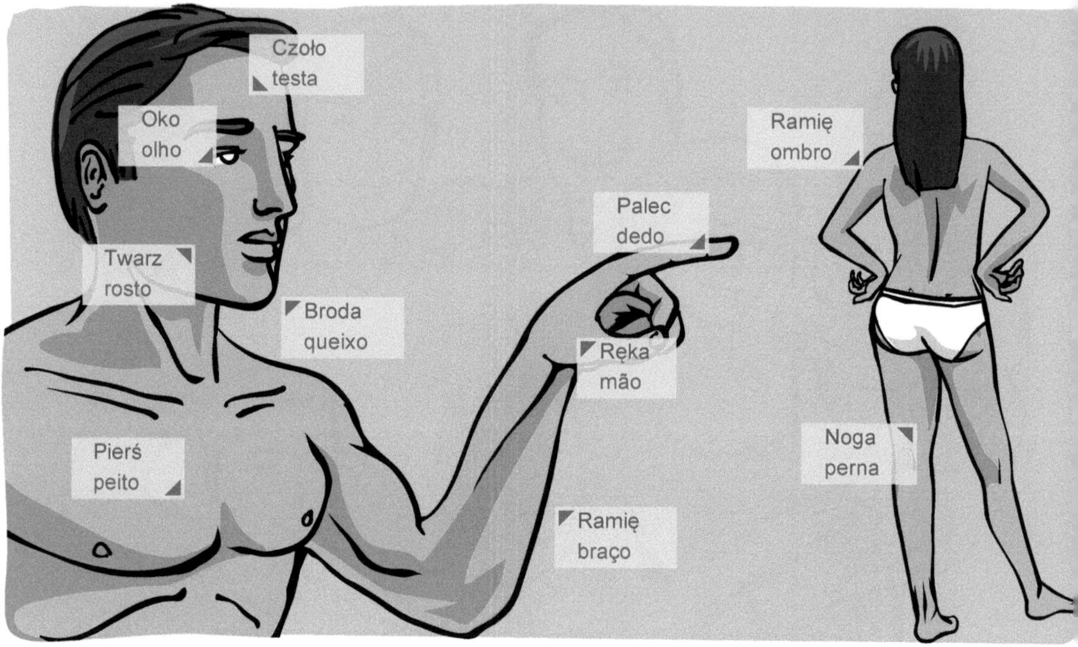

Czoło
testa
Oko
olho
Twarz
rosto
Broda
queixo
Pierś
peito
Palec
dedo
Ręka
mão
Ramię
braço
Ramię
ombro
Noga
perna

Niemowlę

bebê

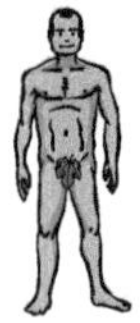

Mężczyzna

homem

Kobieta

mulher

Dziewczyna

menina

Chłopiec

menino

Głowa

cabeça

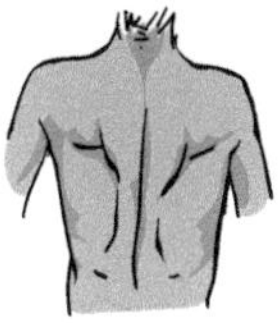

Plecy

costas

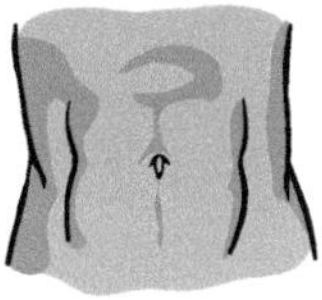

Brzuch

barriga

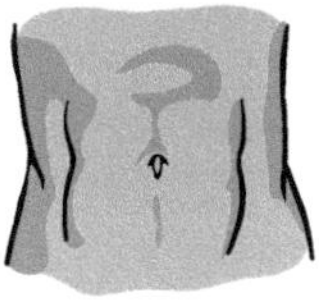

Pępek

umbigo

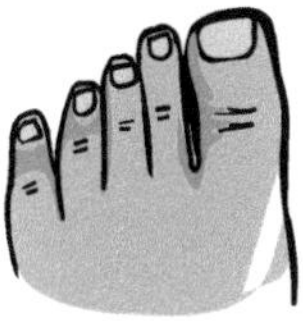

palec nogi

dedo do pé

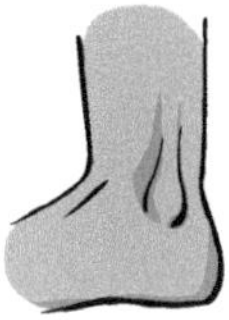

Pięta

calcanhar

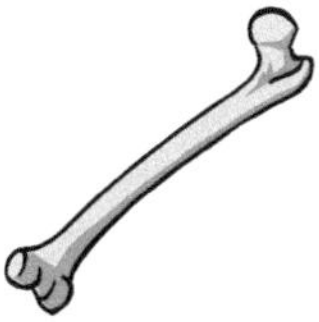

Kość

osso

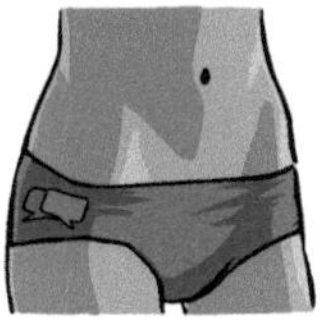

Biodro

anca

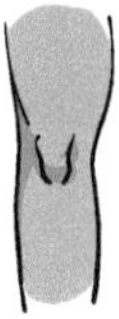

Kolano

joelho

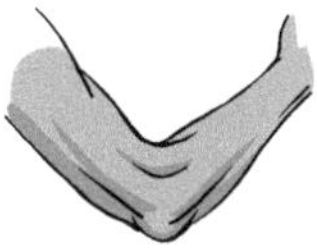

Łokieć

cotovelo

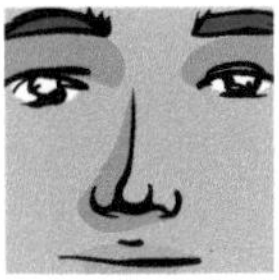

Nos

nariz

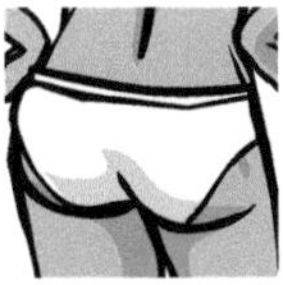

Pośladki

nádegas

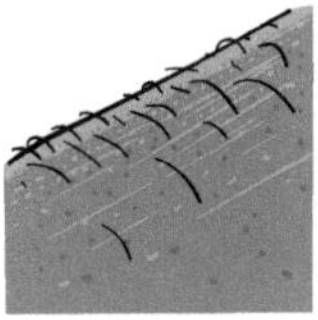

Skóra

pele

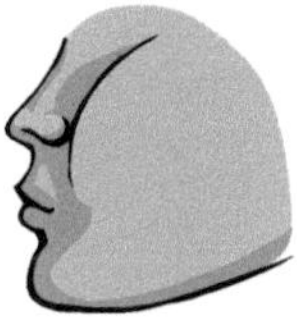

Policzek

bochecha

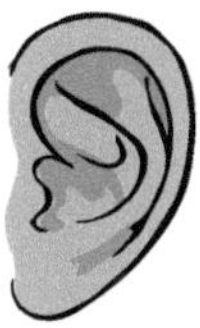

Uszy

orelha

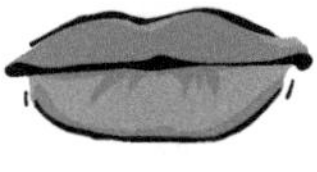

Warga

lábio

Usta

boca

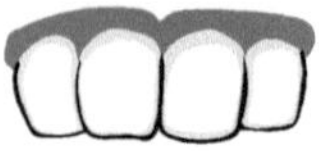

Ząb

dente

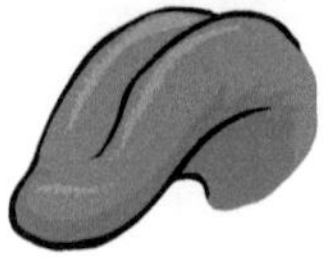

Język

língua

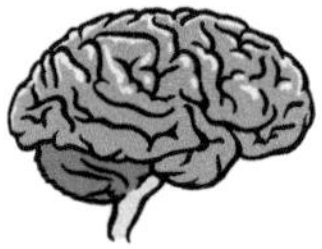

Mózg

cérebro

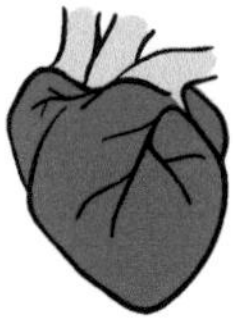

Serce

coração

Mięsień

músculo

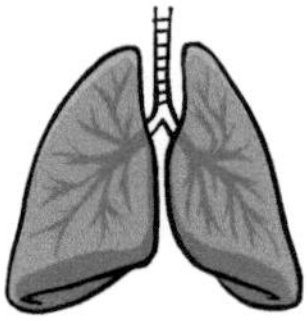

Płuca

pulmão

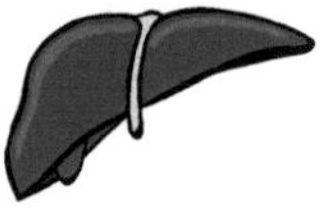

Wątroba

fígado

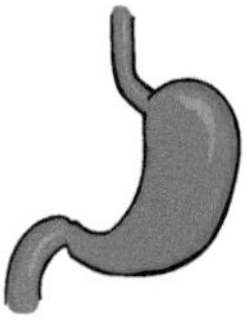

Żołądek

estômago

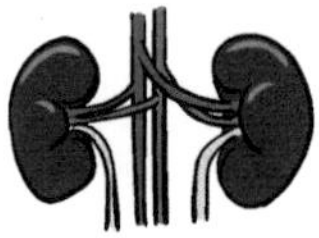

Nerki

rins

Stosunek płciowy

relações sexuais

Kondom

preservativo

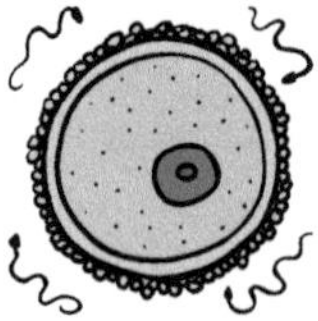

Komórka jajowa

óvulo

Sperma

esperma

Ciąża

gravidez

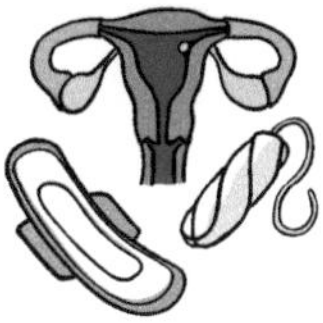

Menstruacja

menstruação

Wagina

vagina

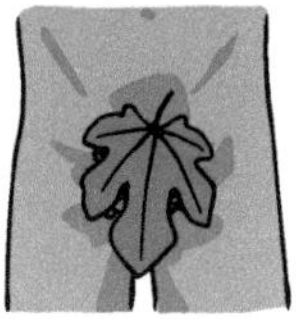

Penis

pênis

Brew

sobrancelha

Włosy

cabelo

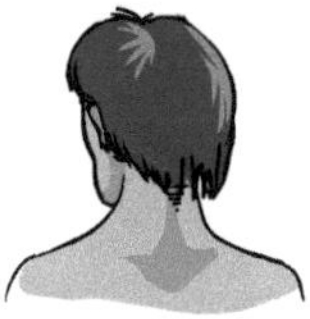

Szyja

pescoço

Szpital
hospital

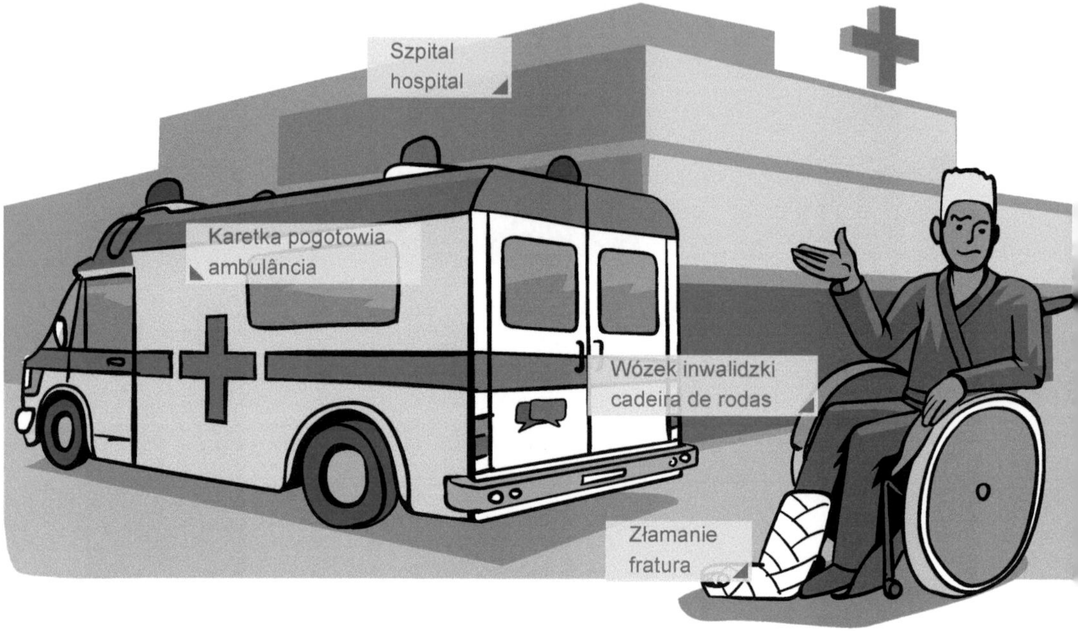

Szpital
hospital
Karetka pogotowia
ambulância
Wózek inwalidzki
cadeira de rodas
Złamanie
fratura

Lekarz

médico

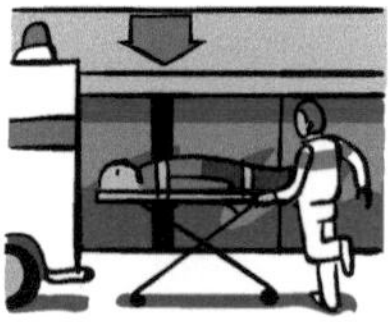

Izba przyjęć

pronto-socorro

Pielęgniarka

enfermeira

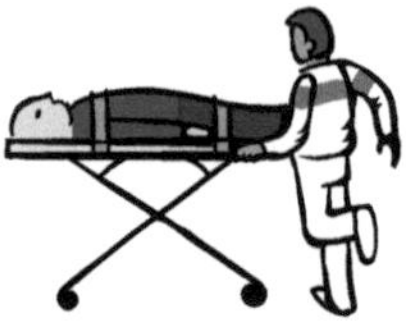

Nagły przypadek

emergência

nieprzytomny

inconsciente

Ból

dor

Skaleczenie

ferimento

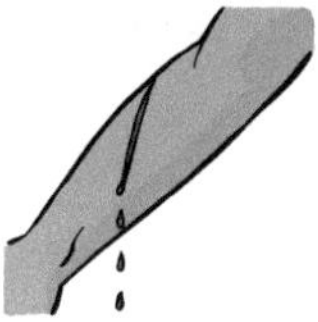

Krwawienie

hemorragia

Zawał serca

ataque cardíaco

Udar mózgu

acidente vacular cerebral

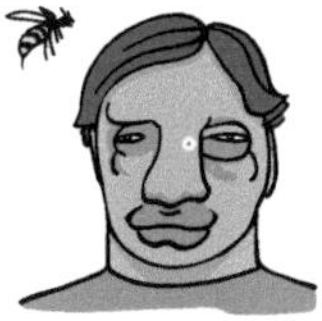

Alergia

alergia

Kaszleć

tosse

Gorączka

febre

Grypa

gripe

Biegunka

diarreia

Ból głowy

dor de cabeça

Rak

câncer

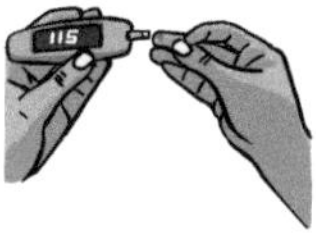

Cukrzyca

diabetes

Chirurg

cirurgião

Skalpel

bisturi

Operacja

operação

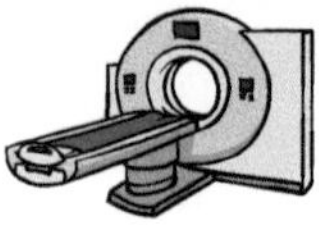

CT

CT

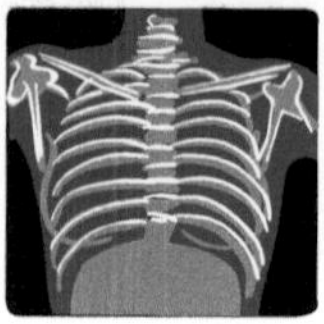

Rentgen

raio x

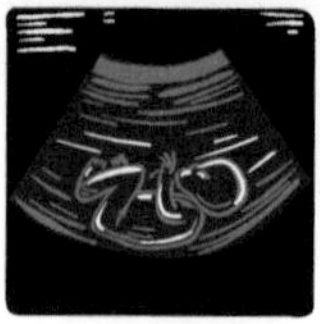

Ultradźwięki

ultrassom

Maska

máscara

Choroba

doença

Poczekalnia

sala de espera

Kula

muleta

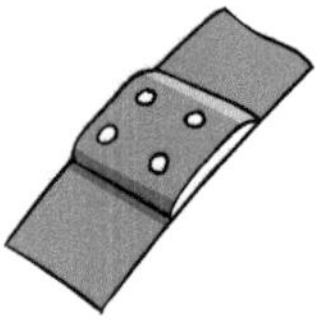

Plaster

bandeide

Opatrunek

ligadura

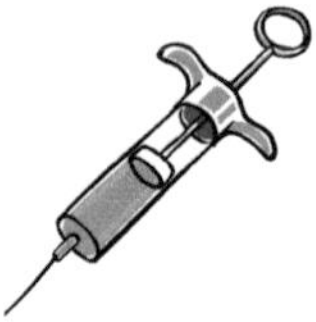

Iniekcja

injeção

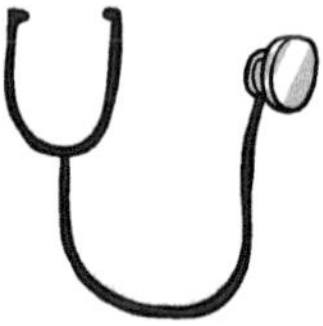

Stetoskop

estetoscópio

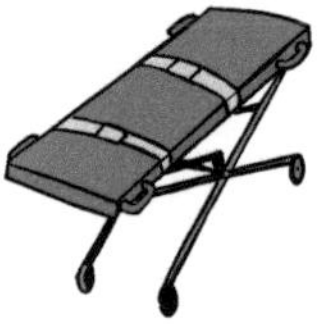

Nosze

maca

Termometr

termômetro

Poród

nascimento

Nadwaga

excesso de peso

Aparat słuchowy

aparelho auditivo

Środek dezynfekcyjny

desinfetante

Infekcja

infecção

Wirus

vírus

HIV / AIDS

HIV / AIDS

Medycyna

medicamento

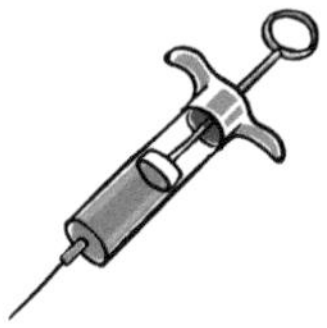

Szczepienie

vacinação

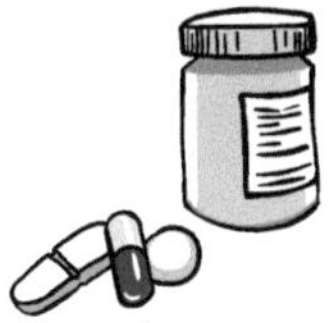

Tabletki

comprimidos

Pigułka

pílula

Telefon ratunkowy

chamada de emergência

Ciśnieniomierz krwi

dispositivo de medição de pressão arterial

chory / zdrowy

doente / saudável

Nagły przypadek
emergência

Pomocy!

Socorro!

Alarm

alarme

Napad

assalto

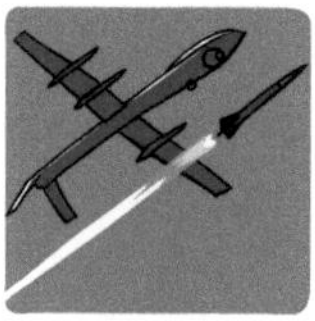

Atak

ataque

Niebezpieczeństwo

perigo

Wyjście awaryjne

saída de emergência

Pożar!

Fogo!

Gaśnica

extintor de incêndios

Wypadek

acidente

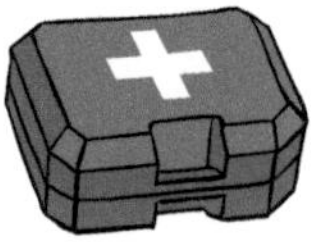

Walizeczka pierwszej pomocy

maleta de primeiros socorros

SOS

SOS

Policja

polícia

Ziemia
Terra

Europa

Europa

Ameryka Północna

América do Norte

Ameryka Południowa

América do Sul

Afryka

África

Azja

Ásia

Australia

Austrália

Atlantyk

Atlântico

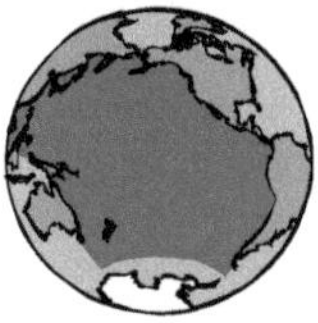

Pacyfik

Pacífico

Ocean Indyjski

Oceano Índico

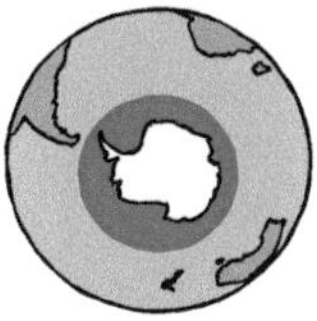

Ocean Antarktyczny

Oceano Antártico

Ocean Arktyczny

Oceano Ártico

Biegun północny

Polo Norte

Biegun południowy

Polo Sul

Antarktyda

Antártica

Ziemia

Terra

Kraj

terra

Morze

mar

Wyspa

ilha

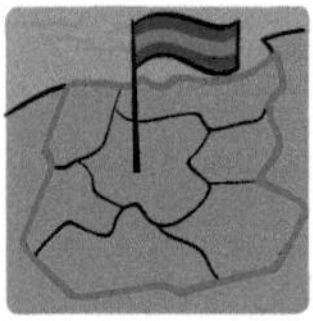

Naród

nação

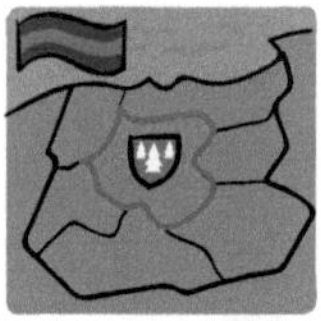

Państwo

estado

Zegar
relógio

Cyferblat

mostrador do relógio

Wskazówka godzinowa

ponteiro das horas

Wskazówka minutowa

ponteiro dos minutos

Wskazówka sekundowa

ponteiro dos segundos

Która godzina?

Que horas são?

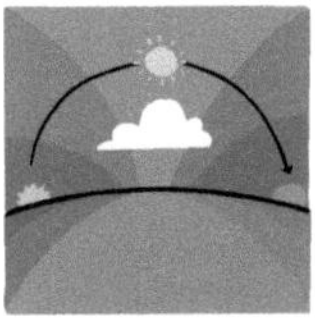

Dzień

dia

Czas

tempo

teraz

agora

Zegarek digitalny

relógio digital

Minuta

minuto

Godzina

hora

Tydzień

semana

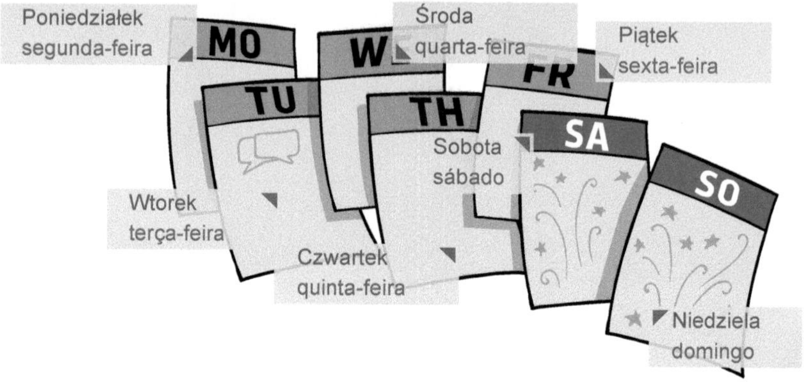
Poniedziałek
segunda-feira
Środa
quarta-feira
Piątek
sexta-feira
Wtorek
terça-feira
Sobota
sábado
Czwartek
quinta-feira
Niedziela
domingo

TUE
MON

wczoraj

ontem

TUE

dzisiaj

hoje

TUE

jutro

amanhã

Rano

manhã

Południe

meio-dia

Wieczór

entardecer

MO TU WE TH FR SA SU

Dni robocze

dias úteis

MO TU WE TH FR SA SU

Weekend

fim de semana

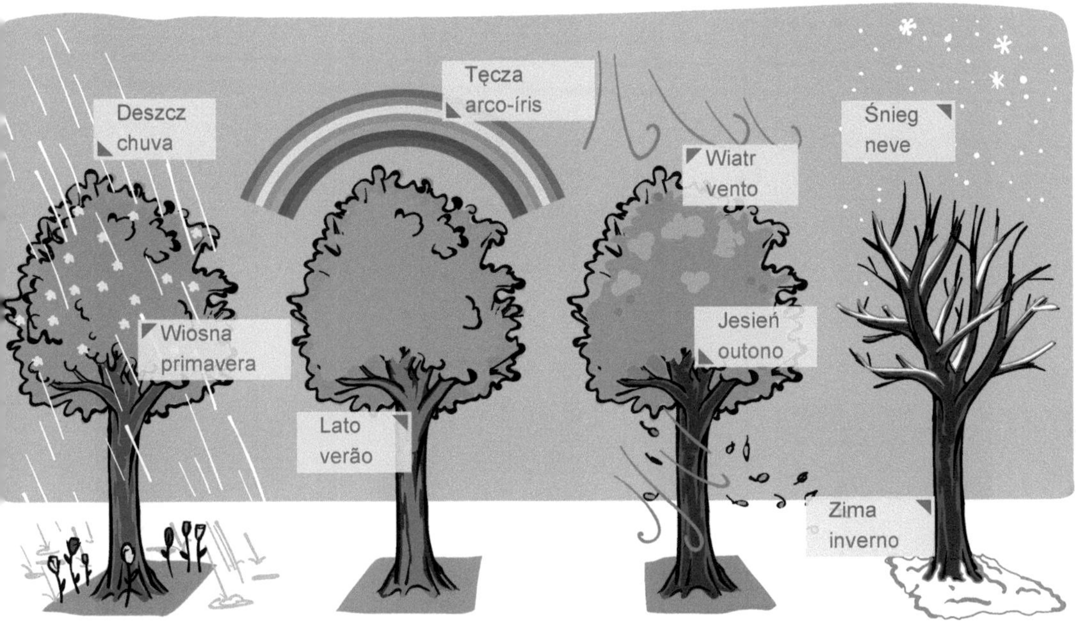
Tęcza
arco-íris
Deszcz
chuva
Wiatr
vento
Śnieg
neve
Wiosna
primavera
Jesień
outono
Lato
verão
Zima
inverno

4.APRIL 11°
5.APRIL 4°
6.APRIL 13°
7.APRIL 8°
8.APRIL 10°

Prognoza pogody

previsão do tempo

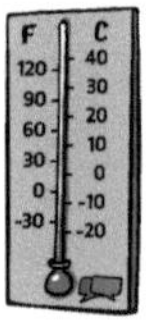
F C
120 40
90 30
60 20
30 10
0 0
-30 -10
-20

Termometr

termômetro

Światło słoneczne

raio de sol

Chmura

nuvem

Mgła

neblina / nevoeiro

Wilgotność powietrza

umidade do ar

Błyskawica

relâmpago

Grzmot

trovão

Sztorm

tempestade

Grad

granizo

Monsun

monção

Potop

inundação

Lód

gelo

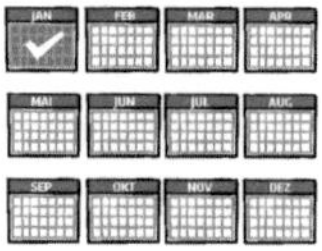

Styczeń

janeiro

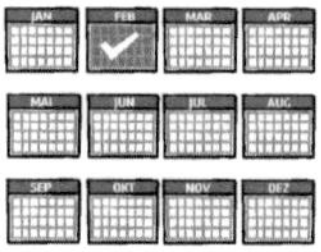

Luty

fevereiro

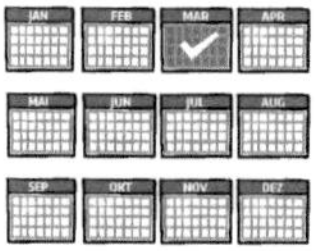

Marzec

março

Kwiecień

abril

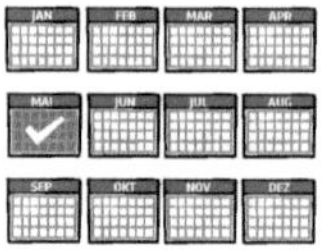

Maj

maio

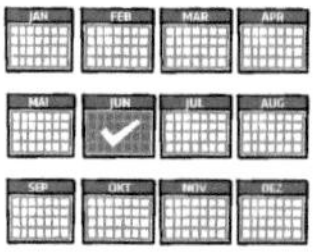

Czerwiec

junho

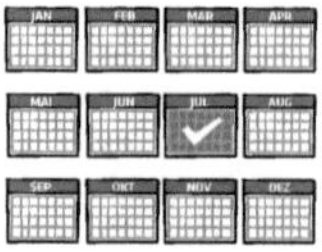

Lipiec

julho

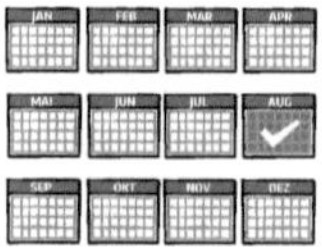

Sierpień

agosto

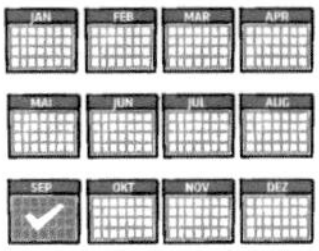

Wrzesień

setembro

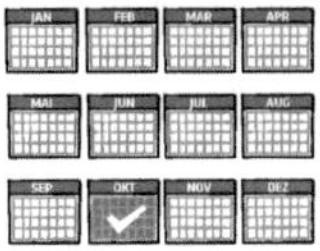

Październik

outubro

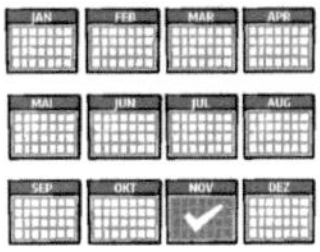

Listopad

novembro

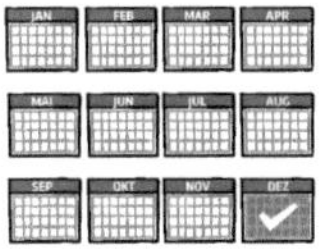

Grudzień

dezembro

Kształty
formas

Koło

círculo

Kwadrat

quadrado

Prostokąt

retângulo

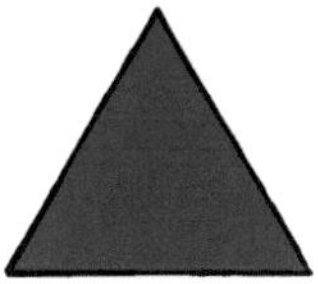

Trójkąt

triângulo

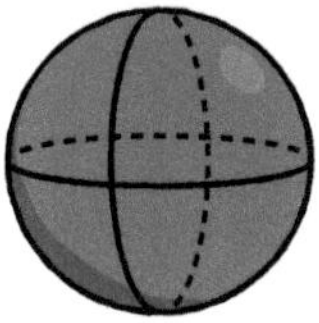

Kula

esfera

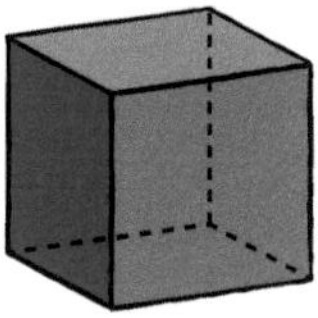

Sześcian

cubo

Kolory
cores

biały

branco

żółty

amarelo

pomarańczowy

laranja

różowy

rosa

czerwony

vermelho

liliowy

lilás

niebieski

azul

zielony

verde

brązowy

marrom

szary

cinza

czarny

preto

Przeciwieństwa
opostos

dużo / mało

muito / pouco

wściekły / spokojny

furioso / tranquilo

piękny / brzydki

lindo / feio

początek / koniec

começo / fim

duży / mały

grande / pequeno

jasny / ciemny

claro / escuro

brat / siostra

irmão / irmã

czysty / brudny

limpo / sujo

kompletny / niekompletny

completo / incompleto

dzień / noc

dia / noite

umarły / żywy

morto / vivo

szeroki / wąski

largo / estreito

jadalny / niejadalny

comestível / não comestível

zły / uprzejmy

mau / gentil

podniecony / znudzony

entusiasmado / entediado

gruby / chudy

gordo / magro

najpierw / na końcu

primeiro / último

przyjaciel / wróg

amigo / inimigo

pełen / pusty

cheio / vazio

twardy / miękki

duro / macio

ciężki / lekki

pesado / leve

głód / pragnienie

fome / sede

chory / zdrowy

doente / saudável

nielegalny / legalny

ilegal / legal

inteligentny / głupi

inteligente / idiota

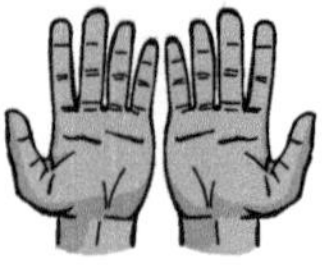

lewo / prawo

esquerda / direita

bliski / daleki

perto / longe

nowy / używany

novo / usado

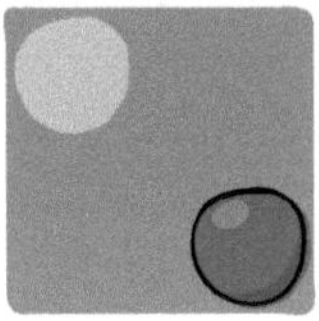

nic / coś

nada / alguma coisa

stary / młody

velho / jovem

włącz / wyłącz

ligado / desligado

otwarty / zamknięty

aberto / fechado

cichy / głośny

baixo / alto

bogaty / biedny

rico / pobre

prawidłowy / błędny

certo / errado

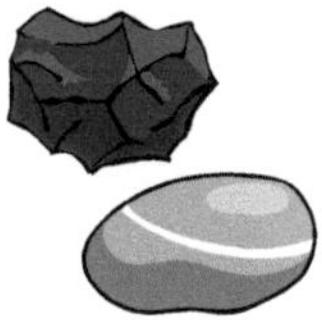

chropowaty / gładki

áspero / liso

smutny / szczęśliwy

triste / feliz

krótki / długi

curto / longo

powolny / szybki

lento / rápido

mokry/suchy

molhado / seco

ciepły / chłodny

ameno / fresco

wojna / pokój

guerra / paz

Liczby
números

0	1	2
zero	jeden	dwa
zero	um	dois
3	4	5
trzy	cztery	pięć
três	quatro	cinco
6	7	8
sześć	siedem	osiem
seis	sete	oito
9	10	11
dziewięć	dziesięć	jedenaście
nove	dez	onze

12

dwanaście

doze

13

trzynaście

treze

14

czternaście

quatorze

15

piętnaście

quinze

16

szesnaście

dezesseis

17

siedemnaście

dezessete

18

osiemnaście

dezoito

19

dziewiętnaście

dezenove

20

dwadzieścia

vinte

100

sto

cem

1.000

tysiąc

mil

1.000.000

milion

milhão

Języki
idiomas

Angielski

inglês

Angielski amerykański

inglês americano

Chiński mandaryński

chinês mandarim

Hindi

hindi

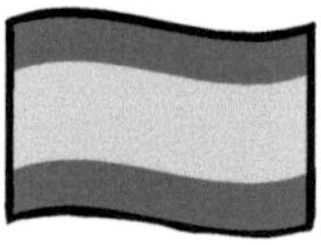

Hiszpański

espanhol

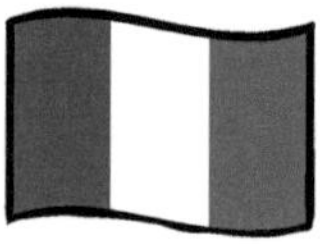

Francuski

francês

Arabski

árabe

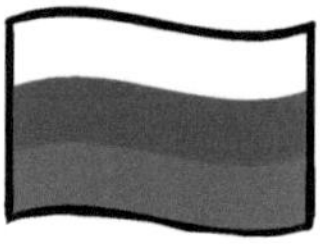

Rosyjski

russo

Portugalski

português

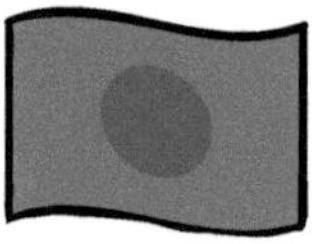

Bengalski

bengalês

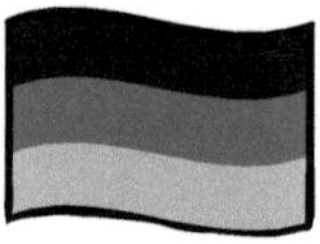

Niemiecki

alemão

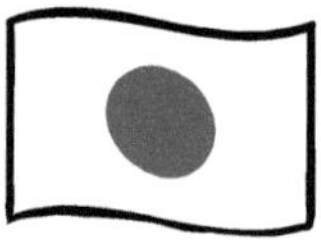

Japoński

japonês

kto / co / jak

quem / o quê / como

ja

eu

ty

você

on / ona / ono

ele / ela

my

nós

wy

vocês

oni

eles / elas

kto?

quem?

co?

O quê?

jak?

como?

gdzie?

onde?

kiedy?

Quando?

Nazwisko

nome

gdzie
onde

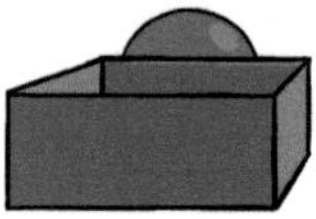

za

atrás

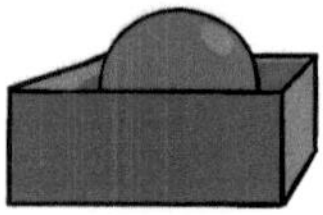

w

em

przed

na frente de

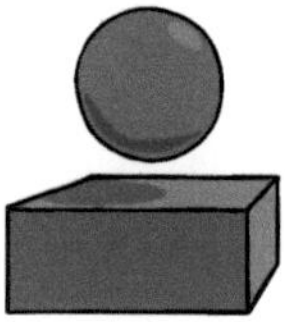

powyżej

sobre

na

em cima

pod

debaixo

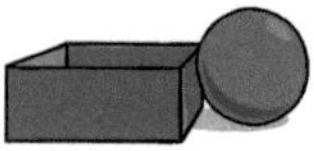

obok

do lado

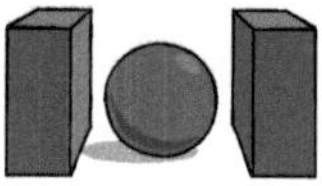

między

entre

Miejsce

lugar